DJ鉄ぶらブックス023

昭和の終着駅

~中部・東海篇~

写真に辿る昔の鉄道

国鉄東海道本線美濃赤坂【昭和48年8月28日】

昭和の終着駅 中部・東海篇 ◉ もくじ

■ 愛知県

明治初頭、東西連絡鉄道が東海道ルートに決定して大きく発展した……………… 4

- ■ 名古屋鉄道築港線
  東名古屋港駅…………… 6
- ■ 名古屋鉄道尾西線
  玉ノ井駅…………… 10
- ■ 名古屋鉄道瀬戸線
  尾張瀬戸駅…………… 14
- ■ 名古屋鉄道豊川線
  豊川稲荷駅…………… 18
- ■ 名古屋鉄道蒲郡線
  蒲郡駅…………… 22
- ■ 名古屋鉄道三河線
  西中金駅…………… 26
- ■ 名古屋鉄道河和線
  河和駅…………… 30
- ■ 名古屋鉄道常滑線
  常滑駅…………… 34
- ■ 国鉄武豊線
  武豊駅…………… 38
- ■ 豊橋鉄道渥美線
  三河田原駅…………… 42

■ 岐阜県

岐阜県の鉄道は西から敷かれてきた…………… 46

- ■ 名古屋鉄道美濃町線
  美濃駅…………… 48
- ■ 名古屋鉄道谷汲線
  谷汲駅…………… 52
- ■ 名古屋鉄道揖斐線
  本揖斐駅…………… 56
- ■ 名古屋鉄道竹鼻線
  大須駅…………… 60
- ■ 近畿日本鉄道養老線
  揖斐駅…………… 64
- ■ 名古屋鉄道広見線
  御嵩駅…………… 68
- ■ 名古屋鉄道八百津線
  八百津駅…………… 72
- ■ 国鉄越美南線
  北濃駅…………… 76

- 国鉄神岡線
  神岡駅 80
- 国鉄樽見線
  美濃神海駅 84
- 国鉄明知線
  明知駅 88
- 国鉄東海道本線支線
  美濃赤坂駅 92
- 北恵那鉄道北恵那鉄道線
  下付知駅 96
- 東濃鉄道笠原線
  笠原駅 100

■ 静岡県・山梨県
東海道本線を軸として枝となる鉄道が生まれた ‥104

- 静岡鉄道静岡清水線
  新清水駅 106
- 国鉄伊東線
  伊東駅 108
- 伊豆急行伊豆急行線
  伊豆急下田駅 112
- 伊豆箱根鉄道駿豆線
  修善寺駅 116

- 岳南鉄道岳南鉄道線
  岳南江尾駅 120
- 国鉄清水港線
  三保駅 124
- 大井川鉄道大井川本線
  千頭駅 128
- 大井川鉄道井川線
  井川駅 132
- 遠州鉄道鉄道線
  西鹿島駅 136
- 富士急行河口湖線
  河口湖駅 140

※会社名・路線名・駅名は撮影取材当時のものにて表記しています

岳南鉄道岳南鉄道線岳南江尾【昭和48年11月11日】

愛知県

明治初頭、東西連絡鉄道が東海道ルートに決定して大きく発展した

　愛知県の鉄道は東西の連絡鉄道建設の資材輸送からはじまった。明治政府は比較・検討の結果東西連絡鉄道を、当初決定した中山道ルートから東海道ルートに変更し、1886（明治19）年開通した武豊～熱田間の大府から東海道線として路線を延ばすことになった。私鉄としては、関西鉄道（現・関西本線）が1895（明治28）年

11月7日桑名〜弥富間、翌年には愛知（現・名古屋）まで開通。また豊川鉄道（現・飯田線）が1897（明治30）年7月15日に豊橋〜豊川間で開通した。ほかの私鉄路線は、1898（明治31）年4月3日弥富〜津島間の尾西鉄道（現・名鉄尾西線）、1905（明治38）年には瀬戸自動鉄道（現・名鉄瀬戸線）が開通した。

名古屋鉄道三河線西中金【昭和48年9月17日】

東名古屋港駅
ひがしなごやこう
名古屋鉄道 築港線

工業地帯の真ん中にある名鉄唯一の貨物扱い駅

　名鉄の旅客駅としては珍しく工業地帯の真ん中にある。いまでも名鉄で唯一の貨物扱い駅だ。旅客列車は朝夕の通勤時の運転のみで、通常は昼間の列車の発着はない。起点の大江駅からは、票券閉塞式（同一方向に連続して列車を発車できないスタフ閉塞式の欠点を解決する）という珍しい方式で運転されている。

　そもそも東名古屋港駅は、名古屋港東部臨港地帯の発展と軌を一にしてきた。1924（大正13）年1月、名古屋港東側の臨港地帯への臨港線として愛知電気鉄道が開通させた。その後県営の埋め立て地6号地、9号地、などへの構外側線の延長、沿線工場への引込線の拡充と発展し、1939（昭和14）年10月には大江駅までの複線化、1942（昭和17）年7月には国鉄線との貨車授受の能力アップのため神宮前西駅の新設など輸送力増強に努めた。しかし1959（昭和34）年の伊勢湾台風で大きな被害を被り、線路は単線となった。その後も築港線の貨物は健在だったが、1965（昭和40）年8月、名古屋臨海鉄道が設立され名電築港駅から先の貨物営業は同社へ移管され、9月には神宮前駅での熱田中継は廃止、自駅扱いの社用品（新製車両）と岸壁経由の輸出車両だけとなった。そのため線内の貨物輸送（運転）を名古屋臨海鉄道に委託している。線内の旅客輸送は以前は使い古した車両を集め、電気機関車で牽引する「ガチャ」と称する列車が行なっていたが、2008（平成20）年以降は新製のステンレス車、5000系が専用で運用されている。

　1957（昭和32）年には名古屋市電築港線が昭和町まで延長され、東名古屋港駅前（構内・6号地）で平面交差（無電圧区間）が生まれた。この平面交差は1974（昭和49）年3月31日に名古屋市電最後の路線廃止で姿を消したが、名古屋臨海鉄道との連絡線の平面交差は現在も生きており、名鉄新製車両の搬入、輸出車両の岸壁への搬出時に使用される。

　なお、単線化された線路敷きのスペースを利用して東部丘陵線の常電導磁気浮上式リニアモーターカーの試験線が設けられ、その後「リニモ」として実用化されている。

［昭和59年6月4日］

ACCESS
→ 愛知県名古屋市港区大江町9番地
→ 名鉄築港線「東名古屋港駅」下車

工業地帯への通勤客の利用がほとんどで、朝夕だけ運転される【昭和59年6月4日】

工業地帯の真ん中を走る3790系の通勤電車【昭和59年6月4日】

名古屋鉄道 尾西線
玉ノ井駅（たまのい）

かつて繊維産業で栄えた終点もいまや無人駅に

ACCESS
→ 愛知県一宮市木曽川町玉ノ井字古井田140番地
→ 名鉄尾西線「玉ノ井駅」下車

　尾西線は名古屋鉄道の現有路線のなかでもっとも古い歴史を持つ。津島を本拠地とする尾西鉄道は、1898（明治31）年、関西鉄道と連絡する弥冨～津島間を開通させたあと、一宮に向かって北進し、1900（明治33）年、一ノ宮まで開通。1914（大正3）年には木曽川港まで開通した。当時は蒸気機関車で運転した。地場産業の中心地であるこの地方は、繊維産業で栄えたが、1944（昭和19）年3月21日奥町～木曽川港間5.3キロは戦時対策で休止となり、玉ノ井駅も休止となった。戦後1951（昭和26）年12月28日、奥町～玉ノ井間1.5キロが復活し、終着駅となった。当時この地域は繊維産業が復活し、機織り機の音が絶えず「ガチャ萬景気」と称される好景気に沸いた。

　すでに1922（大正11）年から600Vで電化されていたが、1952（昭和27）年12月14日尾西線全線が1500Vに昇圧された。この時軌道線として新一宮（現・名鉄一宮）駅まで入っていた起線（おこし）は八幡町までとなる。現在尾西線の運転系統は玉ノ井～名鉄一宮、名鉄一宮～津島、弥冨へは津島線からの直通と三分割されている。

　玉ノ井の地名は駅の北東にある加茂神社の湧水「玉ノ井霊泉」が起源であるという。

この頃駅舎は無かった【昭和49年3月14日】

乗降客の少ない田舎のムードある駅が夕焼けに包まれ暮れなずむ【昭和49年1月15日】

静かな駅も日が暮れ、名古屋方面へ向かう電車の発車ベルだけが鳴り響く【昭和49年1月15日】

尾張瀬戸駅
おわりせと

名古屋鉄道 瀬戸線

「せともの」で有名な日本一の陶磁器の町。私（安田）が訪れた時は犬山ラインパークで菊人形展が催されていた
【昭和48年9月17日】

乗客を誘導し線路の安全確認【昭和48年9月17日】

大正10年に名称変更した瀬戸焼出荷の拠点駅

「瀬戸電」の愛称で親しまれる名鉄瀬戸線は、ほかの名鉄路線と繋がらない唯一の路線だ。歴史は古く1905（明治38）年4月尾張瀬戸〜矢田間を開業し、1911（明治44）年10月には旧名古屋城の外堀を通り、堀川端まで20.76キロを開業した。最初は珍しくセルポレー式蒸気動車を使用したが、調子がいまひとつじゅうぶんでなく、1904（明治37）年12月18日社名を瀬戸電気鉄道に改め、翌年3月17日から電車運転に切り替えた。

この鉄道の目的は瀬戸の地場産業である陶磁器の輸送と石炭などの資材の搬入を円滑にすることであり、瀬戸側の多くの有力者が発起人に名を連ね、彼らからすると瀬戸は終着駅ではなく、始発駅の感覚が強かったと思われる。その後、1939（昭和14）年9月1日には名古屋鉄道に合併するが、今日まで本線系との線路の繋がりはなく、一部車両のやり取りはあったが、独自の路線を歩んだ。瀬戸線が大きく変貌するのは1978（昭和53）年3月に1500Ｖ昇圧を果たし、同年8月に待望の栄町駅開業、地下乗入れを果たしてからだ。

瀬戸駅は1921（大正10）年2月19日尾張瀬戸と名称変更した。この頃新築された駅舎は長い間瀬戸電だけでなく町のシンボルとしても愛された。だが、貨物営業廃止もあり、昇圧後の駅は旅客専業駅となり、構内配線も変更、電車の収容線を整備した。さらに、2001（平成13）年4月には区画整理に合わせ少し東へ移転し頭端式一面2線ホームの2階建て駅舎となった。旧駅舎は大正末の建築で鉄筋コンクリート造りで、1階はコンコースと駅務室、2階には喫茶室があり、壁には、店主と懇意だったメキシコ帰りの北川民次画伯の絵画が掛かっていた。この駅舎も取り壊されたが、現在は駅から東へ約300mのところに出来た「瀬戸蔵ミュージアム」の2階に一部復元され、昇圧前末期に活躍した車両（モ754の一部）とともにその姿を見ることができる。現在の尾張瀬戸駅は瀬戸線のターミナル駅として存在感を増している。

ACCESS
→ 愛知県瀬戸市山脇町12番地1
→ 名鉄瀬戸線「尾張瀬戸駅」下車

発車した電車を見送った駅員さんは何の相談かな？【昭和48年9月17日】

名古屋鉄道豊川線 豊川稲荷駅 とよかわいなり

豊川稲荷の参詣客で賑わう豊川線の終着駅

ACCESS
→ 愛知県豊川市豊川町仁保通18番地
→ 名鉄豊川線「豊川稲荷駅」下車

【昭和48年8月26日】

　名古屋鉄道豊川線の終着駅・豊川稲荷駅はJRの豊川駅に隣接し、名刹豊川稲荷参詣の門前駅である。豊川線自体の歴史は新しく、複雑である。第2次世界大戦の末期、1945（昭和20）年1月27日、まず本線の国府駅から分岐し、当時の豊川海軍工廠への従業員輸送を目的に600Vの軌道線（新設軌道）として国府～市役所前（現・諏訪町）間4.4キロが開通。揖斐線・谷汲線等から転用の小型車両で輸送開始。終戦間近の1945（昭和20）年8月7日、海軍工廠は大爆撃により壊滅、多数の死傷者が出た。その後途中駅は何度か改廃があったが、1954（昭和29）年12月25日工員輸送の目的から一変して豊川稲荷への参詣路線とすることになり、まず1954（昭和29）年12月16日、軌道線のまま1500Vに昇圧、本線から直通可能とした。さらに1959（昭和34）年4月1日稲荷口1.6キロまで延長後12月25日には正月の初詣の本格輸送に備えさらに1.2キロ延長し現在地の新豊川（現・豊川稲荷）に到達した。この時豊川市内から豊川線と改称した。同時にそれまで本線の伊奈駅から小坂井支線として飯田線に乗り入れ、初詣で輸送等に活躍した小坂井支線1.2キロを廃止した。翌年の1955（昭和30）年5月1日には新豊川駅を豊川稲荷駅と改称し、当初の建設目的から線区の性格は一変した。駅近くに鎮座する豊川稲荷はじつは神社ではなく、曹洞宗のお寺だが東京にもその分社があり、多くの参拝者を集める。正月には多くの利用客があり、特別ダイヤが組まれ各線から座席指定列車も大増発され賑った。駅前からの稲荷までの参道は、飲食店、土産物店も多く、賑やかだ。往年のように、初詣の直通列車はなくなったが、国府駅では本線との接続ダイヤが組まれ、旧工廠の跡地には日本車輌製造の工場や企業が立地、多くの通勤通学旅客にも利用され、豊川線のターミナルとして、1日約5400人の乗降客がある。今後は東三河第二の都市、豊川市の玄関として、ますます発展するだろう。

名鉄本線国府駅から分かれた豊川線の終着駅。豊川稲荷駅でひと休みする電車【昭和59年6月4日】

右奥には国鉄飯田線豊川駅に停車中の旧型国電も見える【昭和48年8月26日】

商売繁盛、開運のお稲荷さんとして親しまれる豊川稲荷。いまは夏だが、正月はとくに大勢の人々が神頼みに訪れ大賑わい【昭和48年8月26日】

蒲郡駅 (がまごおり)

名古屋鉄道 蒲郡線

観光の街の玄関口 かつて進駐軍専用列車が停車した

　名鉄蒲郡駅はＪＲ東海道本線蒲郡駅の海側（南側）に隣接している。1936（昭和11）年三河鉄道の手で三河鹿島から蒲郡間（4.1キロ）が建設され開業した。当初は非電化線で、新造の気動車が活躍したが、戦争の激化により、代燃車、蒸気機関車の時代に逆戻りし、戦後の石炭不足時の1947（昭和22）年4月23日に600Ｖ電化となった。さらに1959（昭和34）年7月12日には1500Ｖに昇圧した。戦前から近くの温泉と合わせ観光地としても有名で、戦後国鉄蒲郡駅には進駐軍専用列車も停車した。名鉄も1955（昭和30）年4月から3600系ロマンスカーを複電圧車に改造して、名古屋方面から「いでゆ号」「三ヶ根号」など観光列車を直通運転した。さらに、1500Ｖに昇圧後は国鉄の企画商品「エック」に合わせ5500系冷房車を使用した特急「三河湾号」を1964（昭和39）年から毎日2往復運転とし、おもに関西方面からの観光客に利用された。その頃は西浦、形原地区の温泉街、三ヶ根山展望台、形原からのロープウェイ、幡豆海岸の潮干狩りと観光資源に富んだ路線として名を馳せ、パノラマカーも直通する人気路線だった。1972（昭和47）年には駅部分が高架化され、続いて12月には駅ビルも完成した。しかし、この時国鉄線は平屋建てのままで、駅は共同使用駅だった。国鉄民営化後は名古屋まで約80分を要する西尾線経由のルートでは、東海道本線40分とは勝負にならず、名古屋方面からの直運転は姿を消した。現在は、吉良吉田〜蒲郡間は単独運転となり、1998（平成10）年からはワンマン化された6000系車両が高架化されたホームに寂しく発着する。さらに2005（平成17）年12月からは新駅舎完成とともにＪＲ蒲郡駅とは分離された。加えて2008（平成20）年6月からは吉良吉田駅に二重改札口を設け、吉良吉田〜蒲郡間はワンマンカー化された6000系による折返し運転となり、再び蒲郡線は単独路線に戻った。いまや地元との路線廃止協議の対象とされている。

【昭和59年6月4日】

ACCESS
→ 愛知県蒲郡市港町１丁目１番地
→ 名鉄蒲郡線「蒲郡駅」下車

高架線を走る3800系。蒲郡は蒲郡線の終着駅で国鉄との共同使用駅【昭和59年6月4日】

竹島水族館などへ向かう乗客の賑わいを横目に、終着駅で行き先表示の交換。「駅員さん気をつけて！」
【昭和59年6月4日】

名古屋鉄道 三河線
西中金駅
にしなかがね

【昭和48年9月17日】

駅舎とホームは
国の登録有形文化財に

　この駅は1928（昭和3）年1月22日開業した。三河鉄道は1926（大正15）年大浜港から猿投まで、1500Ｖで電化しており、猿投以北は最初から電化線として開業した。以来三河線の山側終着駅だった。足助、香嵐渓などの観光地への玄関として、駅前からのバス路線とともに、多くの利用者の便を図ってきた。ところが過疎化とマイカー普及の波は、当地にも押し寄せ、利用者は減少した。ついに1985（昭和60）年3月14日猿投～西中金間は電気鉄道から非電化路線となり、レールバス化し、ワンマン運転により存続を図った。しかし、2004（平成16）年4月1日、三河線南端の碧南～吉良吉田間とともに廃線となった。かつて、西中金からはさらに足助まで延長する計画もあり、1922（大正11）年には資本金を増資し足助まで7.4キロ延長す

ACCESS
→ 愛知県豊田市中金町前田766
→ 名鉄三河線猿投駅からとよたおいでんバスで約50分「西中金バス停」下車

ることを決めていた。途中追分までの用地を確保し、飯田街道（国道153号）を跨ぐ架道橋の橋台など一部は完成していたが、用地買収が難航。昭和不況の到来により実現しなかった。三河鉄道が名古屋鉄道に買収された1941（昭和16）年以降も免許は引き継がれたが、1958（昭和33）年に免許返上し、ついに足助にまで通じる計画は取りやめとなった。三河鉄道中興の祖、神谷伝兵衛が健在ならばとの声も聞かれたが、ついに西中金駅は中馬（飯田）街道の途中駅のまま終わった。

　鉄道健在時は足助方面への連絡バスもあり賑った。駅舎は現在も残され、産業遺産として大切に保存されている。

山間部の小さな終着駅。路線延長も夢の跡【昭和48年9月17日】

平成16年に廃止になり、この光景はもう見られない【昭和48年9月17日】

刈り入れ間近の稲穂が乗客を出迎えた【昭和48年9月17日】

河和駅(こうわ)

名古屋鉄道 河和線

【昭和48年8月27日】

離島への高速船の基地として必要不可欠な駅

ACCESS
→ 愛知県知多郡美浜町大字河和字北田面5番地1
→ 名鉄河和線「河和駅」下車

　この駅は知多鉄道の手で1935（昭和10）年8月河和口から3.0キロを延長して生まれた。知多半島の名鉄常滑線常滑駅、ＪＲ武豊線武豊駅の3駅のなかで最も南に位置する駅であり、半島南端の師崎(もろさき)方面のバスの起点である。離島への高速船の基地に近く、重要な駅であり、地元の通勤通学客や、多くの観光客にも利用されている。

　かつて、名鉄知多新線が開通するまでは内海など半島西側の海水浴場へのバス輸送のターミナルとして賑わい、内海までシーズンにはバスで1時間近くかかった。その頃は開業当時の駅設備のままで、2面3線のうちで海水浴シーズンにのみ使うホームの屋根は葦簀(よしず)張りで貧弱だったが利用者はいまよりはるかに多かった。

　駅舎は1979（昭和54）年4月に2階建のビルに建て替えられ、スーパーマーケットが同居した。構内配線もすっきりとし、ホームは2面4線に整備され、バス乗降場からホームまで平面で行けるバリアフリー構造となった。しかし、残念ながら海水浴客が鉄道を利用する事は減り、かつてのように、この駅が、海水浴客で賑うことはなくなった。しかし、篠島、日間賀島(ひまかじま)への高速船乗り場への無料シャトルバス、半島各地への路線バスターミナルとして重要な駅であることに変わりはない。

南知多観光の拠点駅にしては葦簀（よしず）の屋根は侘しい【昭和48年8月27日】

三河湾に浮かぶ篠島や日間賀島への高速船が発着する河和港へは徒歩5分【昭和48年8月27日】

ふだんのホームは静かだが観光シーズンには潮干狩り、海水浴、ミカン狩りなどで賑わう【昭和48年8月27日】

常滑駅 とこなめ

名古屋鉄道 常滑線

60周年記念行事で大人、子どもで賑わっている【昭和48年8月27日】

かつては愛知電気鉄道の 終着駅として活躍した駅

現在は中部国際空港への連絡鉄道が開通し、終着駅ではなくなった。しかし、大野町駅から延長した愛知電気鉄道の終点として、1913（大正2）年3月29日に開設された常滑駅が起こりである。常滑は古くから常滑焼で知られ、その製品である土管などの出荷、材料の搬入などで貨物輸送の面でも不可欠な鉄道だった。そしてこの年の9月には国鉄熱田駅の貨物連絡線も完成し、全国ネットの輸送網の一翼となった。また沿線の農産物出荷にも利用され、私鉄では珍しい社有の通風車も常備された。戦後は窯業製品輸送のため、国鉄でも陶器車「ポム」という専用車両が用意された。1981（昭和56）年、貨物営業が廃止されるまでは駅舎も開業時のままで、旅客用の線路は1線だけで着発スタイルのダイヤしか組めなかった。いっぽう、駅や線路沿いには隣の多屋駅まで土管などが積まれ、駅は貨車でいっぱいだった。貨物廃止後は、旅客駅として3面のホームを持つ終着駅となり、駅ビルも整備され、ダイヤ編成の面でも多様性が持てるようになった。さらに2003（平成15）年3月中部国際空港線建設を機に高架化され、2面4線のホームとなった。駅舎は高架下となり、空港線開業後は中間駅となり常滑駅の様相も一変した。土管坂、招き猫の町の玄関口としてイメージされるようになった。

ACCESS
→ 愛知県常滑市鯉江本町5丁目141番地2
→ 名鉄常滑線「常滑駅」下車

常滑焼を積んだ貨物列車と特急列車が仲良く並んでいる。特急は流線と呼ばれた3400系【昭和48年8月27日】

特急と並んだデキ601電気機関車。名鉄といえば赤いパノラマカー7000系【昭和48年8月27日】

900年の伝統、常滑焼で有名な常滑市の玄関駅。常滑線全線開通60周年記念行事で駅員さんも忙しい
【昭和48年8月27日】

武豊駅
たけとよ
国鉄 武豊線

駅前にある高橋煕氏の殉職慰霊碑【昭和58年8月24日】

ACCESS
- 愛知県知多郡武豊町金下
- 武豊線「武豊駅」下車

明治19年開業、愛知県最古の鉄道であり最も古い駅

　武豊線の終着駅武豊駅は、じつは中部地方の各駅の始発駅だ。東海道本線の大府から武豊まで知多半島の東側19.3キロを南下する武豊線は、1886（明治19）年3月1日に中部地区の鉄道建設のための資材を武豊港で陸揚げし、名古屋方面へ輸送する路線として建設された。そのため当地方最古の鉄道であり駅である。その役目を果たし1889（明治22）年東海道本線が全通すると大府～名古屋間は東海道本線となり、大府～武豊間は武豊線として支線に甘んじることとなった。その後ディーゼル化され、近年は名古屋近郊の住宅適地として団地もでき、通勤通学路線として発展した。2015（平成27）年3月1日には開通から130年めに全線電化となった。列車も増発され、車両は311系・313系電車を使用、一部は名古屋まで直通する。1つ手前の東成岩駅(ひがしなら わえき)からは衣浦臨海鉄道半田線(きぬうら)が分岐し、衣浦臨海鉄道のディーゼル機関車が貨物列車を牽いて乗務員ともども大府駅まで乗り入れるという珍しいかたちで運転されている。

　武豊駅前には1953（昭和28）年9月の台風の際に列車と乗客の安全を身を挺して守った、国鉄職員高橋煕(ひろし)氏の殉職慰霊碑が建っている。

　また駅東方には臨港地帯の工場から武豊港駅へのルートを構成した引込線から貨車を本線に入れ替えるためのターンテーブル式ポイントなどの遺構が産業遺産として大切に保存されている。1986（昭和61）年3月に廃止されたが、この駅から山中の火薬工場へ3.1キロの専用鉄道があり、小さな電気機関車が国鉄貨車を牽いていた。以前は通勤用に電車も運転されていたが現在は見られない。武豊線は歴史が古く、途中駅の亀崎駅は武豊線開通当時の駅舎が残っている。

運転士さんと出発前に安全運転の打ち合わせ【昭和58年8月24日】

三河湾に沿って走る田園風景が大部分を占める長閑(のどか)なローカル線の終着駅【昭和58年8月24日】

出発した電車を見送る駅員さん。堅実さと優しさが後ろ姿から伝わってきた【昭和48年8月27日】

豊橋鉄道
渥美線

三河田原駅
みかわたはら

【昭和48年8月26日】

ACCESS
→ 愛知県田原市田原町東大浜4丁目12番地
→ 豊橋鉄道渥美線「三河田原駅」下車

豊橋鉄道のなかで
旧国名を冠する唯一の駅

　現在の三河田原駅は、渥美電鉄が豊橋から渥美半島を縦断する路線として建設し、1924（大正13）年1月22日高師〜豊島間11.4キロを開業した。同年3月1日に神戸（駅として新設されたが廃止、現在は復活）まで、4月25日に豊橋方向へ師団口（高師口→現・愛知大学前）まで延長した。さらに1925（大正14）年6月1日には田原まで0.4キロを開通。この時の駅名は田原駅であり終着駅だった。豊橋方向へは同年5月10日、新豊橋（花田→貨物駅→現・花田信号所）まで開通した。さらに1926（大正15）年4月10日には田原駅から黒川原まで2.8キロを延長した。この前年に田原駅は三河田原駅と改称した。最後に1927（昭和2）年10月1日に現在の新豊橋まで0.4キロを延長し全線開業となった。1930（昭和5）年5月29日には高師〜黒川原間16.5キロを地方鉄道に変更し、翌年5月9日には高師〜新豊橋間4.3キロも地方鉄道に変更した。戦時中には伊良湖岬に軍の施設が計画され、そのため福江までの延長ということで国鉄の手で工事も始まり、路盤など一部完成した。しかし1944（昭和19）年6月5日には三河田原〜黒川原までの2.8キロは不要不急路線として休止され、三河田原駅は終着駅にもどった。正式廃止は名古屋鉄道時代の、1954年（昭和29）12月19日に実施。この間渥美電鉄は1940（昭和15）年9月1日に名古屋鉄道に合併し、名鉄渥美線となる。しかし、この駅が最も賑ったのは終戦直後の食糧難の時代で、サツマイモの買い出しのため大きなリュックを背負った利用者が押し寄せ、駅員は大忙しだったという。昭和30年代には当時三河田原駅の管理下の神戸信号所からは小野田セメント（当時）田原工場の専用線があり、佐久間ダム建設の資材輸送が活況を呈し、一時期は貨物輸送で大変だったという。専用側線はなくなり、渥美線自体は1984（昭和59）年1月31日貨物営業廃止、1989（平成元）年には神戸駅を再開した。1997（平成9）年7月2日には1500Vに昇圧し、車両冷房化率100％を達成し、豊橋近郊の通勤通学路線として健闘している。現在の駅舎は2013（平成25）年10月に新設されたモダンな駅舎で、ホームも2面4線に整備された。

デキ211は貨物営業廃止後に「サンテパルクたはら」で静態保存【昭和48年8月26日】

渥美半島の中央。三河湾に面した街。渡辺華山の生没の地である。駅より歩いて10分の所に田原城址がある
【昭和48年8月26日】

クリーム色と赤い線の塗装の電車が青空に映えている。車両は名鉄から譲渡されたモ1720形＋モ1770形（元・モ3813＋ク2813）【昭和48年8月26日】

岐阜県

岐阜県の鉄道は西から敷かれてきた

　岐阜県の鉄道は、西から開通した。1883（明治16）年5月1日長浜〜関ケ原間が開業、次いで翌年5月25日には大垣まで開通した。これはこの年4月1日に開通した敦賀〜米原間と連絡し、以東へ延伸した。

　1886年（明治19）年3月1日に武豊〜名古屋間が開通すると路線は大府から東に

進むことになり、大垣からのルートは名古屋と結ばれ東海道本線の一部となった。県下で最初に開通した私鉄は1906（明治39）年12月5日開業の岩村電気軌道であり（1935年2月廃止）、次いで岐阜市内の美濃電気軌道が1911（明治44）年2月11日開通。さらに1913（大正2）年に養老鉄道が開通している。

国鉄神岡線神岡【昭和57年8月19日】

名古屋鉄道 美濃町線
美濃駅
（みの）

【昭和48年8月28日】

ACCESS
→ 岐阜県美濃市広岡町2
→ 長良川鉄道越美南線「美濃市駅」から徒歩3分

スマートで広い構内の駅舎は登録有形文化財へ

　美濃町線は軌道線だったが、美濃駅をはじめ、新関、北一色などに、鉄道並みの駅舎を設置していた。名鉄になってから岐阜柳ヶ瀬を移設した徹明町にも駅舎を設けた。

　美濃町線の歴史は古く、1911（明治44）年岐阜市内の神田町から上有知（のちの美濃町）まで24.9キロを単線の電気軌道で結んだ。終点の上有知は間もなく「美濃町」と改称した。1923（大正12）年国鉄越美南線の美濃駅開業に合わせ、ルートを変更し、駅名も「新美濃町」に変更した。現在も残る駅舎はおそらくこの時以来のものだろう。同じ軌道線でも岐阜市内と異なり、モ500形、モ520形、モ510形とボギー車が投入されたが、鉄道への移行は実現しなかった。

　岐阜～美濃間約25.0キロの区間を一気に開通させたのは、美濃や関の地元関係者の強い意気込みを示すものだった。戦後1950（昭和25）年に岐阜側の起点を岐阜柳ヶ瀬から徹明町に変更し、梅林から徹明町まで複線化した。車両も1950年代にはモ580形、モ590形が投入された。しかし、マイカー時代には邪魔者扱いされるようになった。1970（昭和45）年には新岐阜乗入れを実現するため、田神線の新設と複電圧車モ600形の新造、野一色の行違い設備の移設、さらには15分ヘッドダイヤを確保するために田神線の競輪場前の行違い設備新設を実施し、起死回生を狙った。1999（平成11）年には長良川鉄道との並行区間を廃止、新関から長良川鉄道関駅への短絡線を新設した。最後の活性化策は1980（昭和55）年、新型冷房車両モ880形10両を新造し、新岐阜～新関間を完全15分ヘッド化したことだ。2000（平成12）年にはモ800形3両も新造したが、時代は道路併用の軌道を許さず、2005（平成17）年4月1日、岐阜地区の600V鉄・軌道線全廃で姿を消した。美濃駅は車庫を併設し、スマートな駅舎で構内も広かったが、現在もその駅舎とホームは残り、国登録有形文化財として保存され、構内にモ512形、モ601形、札幌から来たモ870形も部分保存されている。

町のはずれを長良川が流れ、小倉公園がある。美しい町にある駅【昭和48年8月28日】

美濃市は美濃紙の本場として知られ、伝統を生かした障子紙、美術紙などが生産されている。私（安田）も伝統工芸としての紙すきを撮影させていただいたことがある【昭和48年8月28日】

名古屋鉄道 谷汲線

谷汲駅
たにぐみ

【昭和48年8月28日】

谷汲線全線の廃止とともに廃駅となった終着駅

谷汲駅は1924（大正13）年1月27日設立の谷汲鉄道株式会社が美濃電気軌道に委託して工事を進め、1926（大正15）年4月6日、同社の美濃北方〜黒野と同時に、黒野〜谷汲間11.2キロを開業した。西国三十三所の最後の札所、谷汲山華厳寺への参詣客が頼りの鉄道である。しかし、建設当時の借入金の返済もままならず、創立者でもある井深重剛社長らは苦労した。黒野から谷汲へは上り勾配が続き、車両にはマグネットブレーキも装備するなど苦心した。1936（昭和11）年7月からは親会社の美濃電気軌道を合併した名古屋鉄道に経営を委託した。さらに、戦時の1943（昭和18）年11月には名古屋鉄道谷汲線となった。当初から谷汲線は揖斐線と一体として運営され岐阜側のターミナル忠節を起点として運転され、岐阜市の近郊路線として、通勤通学路の足となって活躍した。谷汲

ACCESS
- → 岐阜県揖斐郡揖斐川町谷汲徳積
- → 樽見鉄道「谷汲口駅」から揖斐川町コミュニティバス谷汲山行「谷汲バス停」下車
- → 養老鉄道「揖斐駅」から揖斐川町コミュニティバス横蔵方面行「谷汲双門前バス停」下車

駅舎は開通時の駅舎が長年使用されてきたが、1996（平成8）年に老朽化で全面改築され、地元の手で昆虫館が併設された。時には岐阜市内線への直通運転も実施されたが、沿線の人口減とマイカーの時世には勝てず、2001（平成13）年10月1日に全線廃止となった。現在も、広いホームとホーム部分を覆うドームは健在で、線路上にはモ750形モ755が静態保存されている。有志の手で保存活動が行なわれ、「赤い電車まつり」などを実施、2016（平成28）年には美濃駅からモ510形モ512を借りて里帰りさせ、盛大に開催された。鉄道健在時は、有効期限末になると、名鉄社員家族乗車証の回収の多い駅として有名だった。

揖斐線の黒野行の電車がお客さんの来るのを静かに待っている【昭和48年8月28日】

この線を廃止にするという話を聞いた。だめだめ。古い駅よ、古い電車よ。これからも元気に活躍しておくれ……
【昭和48年8月28日】

名古屋鉄道揖斐線 本揖斐駅(ほんいび)

名鉄のローカル線廃止の方針により廃駅へ

　本揖斐駅は、名鉄最西端の駅だった。長良川の右岸に広がる町・村へは美濃電気鉄道とは別の長良軽便鉄道、岐北軽便鉄道、谷汲鉄道が路線を延ばした。

　そのなかで、岐北軽便鉄道は1912（大正元）年8月21日に設立され、現在の岐阜市早田（忠節橋の北詰）から本巣郡内への鉄道敷設を実施した。1914（大正3）年3月29日に忠節～美濃北方間6.6キロの単線電化の鉄道が開通した。当時は不況下で補助金で配当するありさまだった。1915（大正4）年4月に美濃北方～黒野間6.5キロの鉄道敷設免許を得たが、自ら建設することはなく、1921（大正10）年11月10日に美濃電気軌道と合併したあと、1926（大正15）年4月6日、黒野まで開業する。この時同時に工事を進めていた谷汲鉄道黒野～谷汲間11.2キロも開通し、営業を始めた。その後、1928（昭和3）年12月20日、黒野～本揖斐間5.6キロが開通し、営業を始めた。この開業は養老鉄道が揖斐まで開通した1919（大正8）年4月27日より遅かった。本揖斐は市街地と同じ左岸側にあり、川を渡る必要はなかった。駅舎は木造でモルタル外壁のモダンな造りで、ホーム部分は谷汲とは違うがホーム両側の線路まで覆う大きな三角屋根に覆われていた。これは一種の美濃電ポリシーだったのだろうか。モ510形、モ520形によ

【昭和48年8月28日】

ACCESS
- 岐阜県揖斐郡揖斐川町三輪
- 養老鉄道「揖斐駅」から揖斐川町コミュニティバス「本揖斐バス停」下車

る岐阜市内線への直通運転開始後も本線系のお古の車両ばかりだった揖斐線にも、1987（昭和62）年にモ770形（4編成・8両）が、1997、98年にはモ780形も投入され、黒野～新岐阜間の15分ヘッドサービスも実現したが、黒野～本揖斐間はワンマンカーの折返し運転となった。2005（平成17）年4月1日、岐阜地区の600Ｖ線区全廃と運命をともにした。

夏休みも終わりに近く、到着電車からは大勢の人々があふれ出た【昭和48年8月28日】

狭いホームに駐輪場。初めて見る光景だ【昭和48年8月28日】

ここから少し上流にある揖斐川の景勝地、揖斐峡は春の新緑、秋の紅葉は見ものだ【昭和48年8月28日】

名古屋鉄道 竹鼻線 大須駅(おおす)

営業延長の陳情も叶わず廃駅、駅舎も解体へ

竹鼻線の終点だった大須駅は木曽川と長良川に挟まれた水郷地帯を進み、長良川の堤防にぶつかるところにあった。竹鼻鉄道は、当初美濃電気鉄道に路線延長を陳情したが、聞き入れられず、1919（大正8）年に竹鼻商工会が中心となり、美濃電も株主となって、軽便鉄道として申請した。同年11月14日には竹鼻鉄道設立。1921（大正10）年6月25日に新笠松〜栄町間7.8キロが開通した。工事も美濃電の助けを借り、完成後の電力供給も美濃電に頼るありさまだった。開通後は大須方面への延長を望む声が高まり、増資のうえ、株式募集を始めたが、おりからの不況で進まなかった。1928（昭和3）年に着工し、翌年4月1日、ようやく大須まで8.4キロが完成し、変電所も竹鼻に新設された。完成後は名古屋の大須観音より同名の大須の商売の神様「お千保稲荷」のほうが有名で、その参詣電車として宣伝した。また堤防を超えて長良川の川船に乗れば、桑名沖の木曽三川中州での潮干狩りや海水浴に行くこともできた。シーズンには利用客も多かったという。

また、600V時代は車両も小さく、混雑時には付随車を増結するのが習わしだった。そのために大須駅には常時車両が留置され、その増解結作業のため、入替え用の電気機関車

【昭和48年10月25日】

ACCESS
→ 岐阜県羽島市桑原町大須　付近
→ 名鉄竹鼻線「羽島市役所前駅」から羽島市コミュニティバス（南部線）大須行「大須バス停」下車

（シーメンス製のデキ1形）が常備されていた。竹鼻線の昇圧は割と早く、1962（昭和37）年6月25日である。これは岐阜市に近く、その通勤圏の沿線利用者の便を図るため岐阜から直通運転を可能にするのが目的だった。

1982（昭和57）年12月11日、途中の江吉良（休止駅を復活）から分岐し新幹線岐阜羽島駅までの1.3キロの新線が開通し、大須は名鉄岐阜駅からの直通ではなく羽島市役所前で乗り換えとなった。その後運行ダイヤ面で改善策も取られたが利用客は回復せず、2001（平成13）年10月1日、江吉良〜大須間が廃止され、大須駅は姿を消した。

ホームが1本だけのこぢんまりとした駅。駅員さんが自ら掃除をしている【昭和48年10月25日】

商売繁盛、五穀豊穣、家内安全にご利益があるとして著名なお千代保稲荷への中継地【昭和48年10月25日】

近鉄日本鉄道
養老線

揖斐駅(いび)

紆余曲折を経て第3種鉄道の道へ

揖斐駅は正式には養老線の駅だが、地元では大垣から桑名方向を養老線、揖斐方を揖斐線と呼び習わし親しんできた。揖斐駅は揖斐の町から粕川、揖斐川を挟んで南岸にあり、市街地から離れている。養老鉄道(初代)は1911(明治44)年7月19日、地元出身の立川勇次郎(大師電鉄の創立者)により設立された。1913(大正2)年7月31日、第1期線である池野～大垣～養老間が開通。第2期線である揖斐、桑名までは1919(大正8)年4月27日に開通した。しかし、この駅ほど、所属会社の合併、社名変更等に見舞われた例は少ないと思う。開通時は初代・養老鉄道、1922(大正11)年には揖斐川電気鉄道。翌年5月に電化されるも、1928(昭和3)年7月養老電気鉄道、1929(昭和4)年11月1日伊勢電気鉄道、1936(昭和11)年5月20日、再び養老電気鉄道、1940(昭和15)年参宮急行電鉄、翌1941(昭和16)年3月15日関西急行鉄道、そして1944(昭和19)年6月1日近畿日本鉄道となる。このように永年大手私鉄の一路線であったが、近鉄傘下の伊賀線などと同じくローカル線の運命は厳しく、2007(平成19)年10月1日、第三セクター鉄道の養老鉄道として近鉄から分離され、独立した。2017年中には地元沿線の、大垣市など市町村が出資して一般社団法人「養老線管理機構」を設立、現在の養老鉄道は第3種鉄道(鉄道を使用し旅客・貨物輸送を運営し

【昭和48年8月28日】

ACCESS
→ 岐阜県揖斐郡揖斐川町脛永434番地
→ 養老鉄道養老線「揖斐駅」下車

軌道の維持管理を行なう)となることが決まっており準備が進んでいる。

開設時の揖斐駅舎は田んぼの真ん中に立ち、広い駅前広場を貨物側線が横切り、広場北側にも荷扱い線が延びていたという。1917(大正6)年には農業倉庫もでき、米、麦、木材、石材の発送や肥料の到着で賑った。戦後の1951(昭和26)年には中部電力久瀬発電所建設のため、セメント輸送基地用に専用側線が敷設され、広い構内が残る。しかし道路の整備と自動車の普及で鉄道離れが進み、1983(昭和58)年4月1日に貨物扱いは廃止された。

駅前の広い広場からは名鉄本揖斐駅行きの連絡バスや揖斐川上流の町へのバス路線も幾つかあり、旅客も多かったが、いまでは時折、「徳山ダム」への見学バスが見られる程度だ。

静かな佇まいの駅だが、駅の北を流れる揖斐川をはさんで名鉄の本揖斐駅がある【昭和48年8月28日】

大垣へ向かう電車に乗り込む人々。大垣へ行く買い物客かな？【昭和48年8月28日】

名古屋鉄道広見線 御嵩駅（みたけ）

中山道の宿場町跡に位置する歴史を感じる駅

ACCESS
→ 岐阜県可児郡御嵩町中2302番地2
→ 名鉄広見線「御嵩駅」下車

　御嵩駅は元・東濃鉄道（現在のバス会社東濃鉄道とは別）が1920（大正9）年8月21日、御嵩口（旧・御嵩）まで開通していたのを、1952（昭和27）年7月1日に0.6キロ延長して生まれた。御嵩口は御嵩の町の西外れにあり、旅客が利用するには便利ではなかった。それでも戦中戦後は付近で採掘された亜炭の積み出しで賑い、広い構内には亜炭を積んだ貨車が溢れ、国鉄線との連絡駅新広見駅（現・新可児）駅では貨車が場内信号機外まではみ出したという。そんなブームも終わり、旅客の便利さを優先し、現在の位置まで0.6キロ延長し、中山道の宿場町跡に面した現・御嵩駅ができた。駅前には名刹願興寺（通称蟹薬師）があり境内には旧東濃鉄道社長・平井信四郎氏の銘が残る石碑もある。本陣跡も近い。さらに街道を進むと鬼岩温泉、鬼岩公園もあり、観光客の利用も多かった。現在は利用客が減少し、列車の運転系統は新可児で分断されワンマン運転列車が折り返している。地元では鉄道存続運動があり、イベントを実施するなど盛り上げに努力している。名鉄では2007（平成19）年廃止を示唆したが地元が赤字を補填することを条件に、2013（平成25）年以降の存続が決定し、現在も続いている。

【昭和48年9月17日】

御嵩は願興寺の門前町で中山道の宿場として栄えた町。駅入口の広告看板がビックリするほど大きい
【昭和48年9月17日】

終着駅らしく行先を書いたプレートがたくさん置かれていた【昭和48年9月17日】

八百津駅(やおつ)

名古屋鉄道 八百津線

【昭和48年9月17日】

ACCESS
- 岐阜県加茂郡八百津町伊岐津志
- 名鉄広見線「明智」駅からＹＡＯバス「八百津ファミリーセンターバス停」下車

かつてダム建設で賑わった駅も役目を終えて……

もともと1918(大正7)年12月、広見から多治見に至る11.8キロの路線を開業した東濃鉄道だったが、1920(大正9)年には鉄道省による太多線の建設計画が具体化し、広見〜多治見間が買収、残存する広見〜御嵩間の経営をどうするかで苦慮していた。その頃、木曽川に水利権を持つ大同電力は八百津まで鉄道が必要と考えており、別ルートで八百津への路線を申請していた名古屋鉄道や東濃鉄道と3社で1926(大正15)年新会社・東美鉄道を設立。広見〜御嵩間を譲り受け、八百津線の権利を名古屋鉄道から取得した。

東濃鉄道の既存線は762mm軌間の蒸気鉄道だったので、1067mmに軌間を広げ電気鉄道として1928(昭和3)年10月1日、御嵩(現・御嵩口)まで営業開始。伏見口から兼山まで3.6キロを1930(昭和5)年4月30日に開業、八百津まで3.7キロは10月1日に開通した。この時建設された八百津駅の駅舎は山間の駅舎としてはモルタル外壁の洋館風の瀟洒なものだった。

戦後になるとダム計画が関西電力の手で再開され、八百津駅から錦織(にしこおり)まで専用線2.6キロが建設された。1952(昭和27)年3月から資材運搬が開始されると、関西電力から名鉄が譲り受けた電気機関車2両が輸送の任にあたった。1954(昭和29)年5月にはダムも完成し専用線は廃止された。この丸山ダムは完成後丸山蘇水湖として観光地化し、名古屋からの直通列車「蘇水湖号」などのパノラマカーも運転された。かつては、松茸狩り、五宝の滝、蘇水湖周遊ハイキングなどで賑ったが、過疎化とマイカーの普及により、1984(昭和59)年9月23日から、全国で初めてレールバスを導入、ワンマン運転化などで存続を図ったが、利用者の減少が続き、2001(平成13)年10月1日、廃止された。

夕日で輝くホームに響く声。「発車しますよー」【昭和48年9月17日】

木曽川に沿って走る八百津線。蘇水峡で知られる奥ライン観光の玄関駅、駅員さんも出発までに一服のひととき
【昭和48年9月17日】

国鉄 越美南線

北濃駅
ほくのう

【昭和56年5月18日】

山間にひっそり佇む終着駅にふさわしい国鉄由来の駅

　現在、長良川鉄道の北濃駅は国鉄由来の駅だ。1923（大正12）年10月、高山本線美濃太田駅から板取口（現・湯の洞温泉口）まで開通した越美南線が北進を続け、1934（昭和9）年8月、北濃までの72.2キロを完工して生まれた。もともと北陸本線の福井と結ぶ計画で、1939（昭和14）年9月には福井側が越美北線として越前大野までが開通したが、戦争により中断。戦後1956（昭和31）年に建設を再開し勝原（かどはら）まで45.0キロを1960（昭和35）年12月に、九頭竜（くずりゅう）湖までを1972（昭和47）年に開業した。しかしその後はともに地方交通線に指定され、全通することはなく、長良川沿いに立地する北濃駅は、延長工事もないまま越美南線の終着駅として、国鉄時代を過ごした。

　そして1986（昭和61）年に民営化され、第三セクター鉄道としては距離の長い長良川鉄道となった。国鉄時代から美濃白鳥から北は雪が深く油壺、平家平（へいけだいら）といったスキー場も近いが、スキーヤーの多くは自動車頼みの時代となり、東海北陸自動車道が開通してからは、「盆踊り」で有名な郡上八幡までは観光客もあるが、それより北は列車本数も少なくなる。またかつて名古屋から金沢を結んだ国鉄バス名金線もいまはなく、沿線を桜の木で結ぶ夢を持った桜守（さくらもり）の国鉄バスの佐藤車掌さんのエピソードと御母衣（みぼろ）ダムサイトの荘川（しょうかわ）桜を残すだけだった。

　それでもかつての終着駅の面影は残り、構内にはアメリカ製の転車台がある。この転車台の特徴は回転台の池の部分が山からの水路の一部を形成していることである。かつて私（清水）が大井川鉄道在職時に新金谷駅に移設することを思いついたが、現在は登録有形文化財に指定され保護対象となっている。

　当線で1965（昭和40）年10月に運転された御召列車も、郡上八幡までしか運転せず、北濃駅には来なかった。山間にひっそりたたずむ北濃駅。まさしく終着駅だ。

ACCESS
→ 岐阜県郡上市白鳥町歩岐島字162-5
→ 長良川鉄道越美南線「北濃駅」下車

給水塔がぽつねんと建っている。SLが走っていた頃を思い出させる懐しい風景【昭和48年8月28日】

長閑な山間の終着駅。出発まで島式ホームで急行型気動車がひと休み【昭和56年5月18日】

神岡駅
かみおか
国鉄神岡線

駅としての役目を終え観光施設として蘇る

　昭和に開業、しかも短命な駅だった。国鉄神岡線が開通したのは1966（昭和41）年10月6日だった。もともと神岡線の軌道としての歴史は古く、1923（大正12）年、762㎜の馬車鉄道が船津町〜笹津間37.0キロに開通したのが、この地での軌道系運搬手段の始まりだった。これは神岡に位置した神岡鉱山からの産出品輸送のためであり、取扱い量の増加に伴い1927（昭和2）年には609㎜の内燃動力使用の専用軌道に変わった。鉱山内の軌道に合わせての改軌だった。その後三井鉱山神岡鉱業所の所属となった。さらに国鉄高山線の笹津〜猪谷の開業により、並行する笹津〜東猪谷間を廃止し、1931（昭和6）年に東猪谷〜国鉄猪谷駅への連絡線（2.9キロ）を設けた。戦後は旅客の便乗を認め1950（昭和25）年には神岡鉱業に移管、1966（昭和41）年10月の国鉄神岡線の開業を控え路線を縮小したのち、神岡線の開業で全廃した。これで猪谷駅での貨物の積み替えはなくなった。

　国鉄線は専用軌道とは逆に、高原川を挟んで反対側の左岸に建設され、約20キロの路線のうち60％がトンネルという山岳路線である。終点の神岡駅（のちに奥飛騨温泉口駅と改称）は専用線の駅とは反対の高原川の高台に設けられた。当初は鉱山からの出荷で1

［昭和48年9月2日］

ACCESS
→ 岐阜県飛騨市神岡町東雲1327-2
→ JR高山本線「飛騨古川駅」から車で30分

日4往復の貨物列車が設定された。1984（昭和59）年10月1日の第三セクター鉄道化に際しても旅客輸送はともかく、硫酸輸送は鉄道に依存するため神岡鉄道が設立された。しかしそれも1日1往復となり、貨車の老朽化もあって2004（平成16）年10月15日、終了した。収入の76.8％を貨物輸送に頼っていた神岡鉄道の命運は尽き、2006年（平成18）年12月1日廃止された。

　しかし、神岡線と駅の歴史はこれで終わりではなかった。地元では廃止後の駅や線路を観光施設として活用する動きがあり、廃止翌年に試運転を行なった。保線用に使用された軌道自転車を真似た自転車で奥飛騨温泉口駅（旧神岡駅）からの2.9キロを往復するイベントを実施。現在は冬季を除き平日も運行され、自転車もすべて電動アシスト車となり、旧神岡鉱山前駅まで旧線路を走るようになった。

家族でお出かけだ。発車時刻が迫っているのか駅員さんも心配そうに改札口を見ている【昭和57年8月19日】

島式1面のホームに咲く八重桜が私(安田)の来るのを待っていてくれた【昭和56年5月17日】

駅は静かな佇まいだが途中には急峻な渓谷があり、車窓から美しい渓谷を愛でることができた【昭和48年9月2日】

国鉄樽見線

美濃神海駅
みのこうみ

[昭和56年7月20日]

ACCESS
→ 岐阜県本巣市神海西之上1281番地2
→ 樽見鉄道樽見線「神海駅」下車

セメント工場の開設で
活況を呈した昭和の時代

　国鉄樽見線の歴史は最初の計画から40年後の1956（昭和31）年3月、大垣〜谷汲口間21.0キロが開通したことに始まる。その2年後の4月、谷汲口〜美濃神海間2.0キロが延長され、この美濃神海駅が開設され終点となった。1960（昭和35）年には美濃本巣駅近くにセメント工場が開設され1.5キロの専用線も設けられて樽見線も活況を呈した。しかし旅客輸送は減少を続け、1981（昭和56）年には「特定地方交通線」の第1次指定線となり、1983（昭和58）年2月1日、樽見鉄道株式会社が設立され、同年10月6日からは第三セクター鉄道樽見鉄道となった。この時は貨物輸送もあり、レールバス（ハイモ180・1985年度の「鉄道友の会」ローレル賞）と合わせてディーゼル機関車も発注した。この時美濃本巣駅、美濃神海駅は駅名から美濃を外し、本巣駅、神海駅となった。その後第三セクター鉄道としては珍しく路線延長を実施し、1988（平成元）年3月25日に樽見まで開通。大垣〜樽見間34.5キロの鉄道となり、この時以来美濃神海駅は終着駅でなくなった。その後、奥美濃発電所の建設資材である、60ｔもの大型変圧器や重量物を運搬するため、軌道や橋梁の強化を中電（中部電力）が受け持ち、輸送の責任は樽見鉄道が持つという協定を結び、1992（平成4）年9月から1995（平成7）年3月まで55回にわたり貨物列車を運転した。だが、2006（平成18）年4月21日にはセメント工場からの出荷がなくなったため貨物輸送を廃止（ただし貨物列車の最終運転日は1995《平成7》年3月28日）、旅客専業となった。以来、初代社長林 鍵治氏（西濃鉄道社長兼務）のもと、薄墨桜、アユ釣り、うすずみ温泉、キャンプ場、ＤＬ操縦教室の開催など、旅客誘致策を打ち出しているが、第三セクター鉄道として経営に苦労されている。最近のニュースでは樽見鉄道は地元住民に「市民駅長」を委託しているが、神海駅もその1つで、駅舎は地元民の「ギャラリー＆サロン　シアン」として活用されている。

抜けるような青空の下の終着駅。短いホームからキハ26形がはみ出している【昭和56年7月20日】

揖斐川と長良川に挟まれた平地を北進。やっと終着まで来た列車【昭和56年7月20日】

山間の無人駅にもかかわらず手入れの行き届いた大きな桜の木があった【昭和48年8月29日】

国鉄明知線 明知駅（あけち）

駅周辺の歴史を感じさせる街並みにタイムスリップ

ACCESS
→ 岐阜県恵那市明智町445番地2
→ 明知鉄道明知線「明智駅」下車

　国鉄明知線は1985（昭和60）年11月16日の民営化で明知鉄道となり、終着駅名は明智駅となる。レイルファンの間ではC12形蒸気機関車が、山岡駅の峠越えで貨物列車を牽く姿が有名だった。機関車は恵那市図書館に保存展示されていたが地元で復活の機運が高まり、明智駅構内に移されると、圧縮空気で構内運転を行なうイベントを実施している。沿線には寒天で有名な山岡の街や岩村といった古い城下町など見どころも多いが、終点の明智は町全体を観光地・大正村として売り出している。加えて明知鉄道の古い駅舎（資料展示あり）のほか、「自然薯列車、寒天列車」などアイディア列車が有名で、四季折々の名物料理を車内で楽しませる列車（最近は食堂車に見たてた専用車キハを連結し、急行と称する）を運転し、鉄道の売り込みを図っている。

　また、恵那駅を出てから東野〜阿木間の33‰区間に、1991（平成3）年10月、飯沼駅を設け「日本一急勾配の駅」として宣伝している。さらに、一時北海道旅客鉄道が開発を計画した新規格のレールバス（DMV）の導入も検討され試験運転を実施したが、実を結ばなかった。なお、明知線の開通前に、大井（恵那）〜岩村間には岩村電気軌道が1906（明治39）年から1935（昭和10）年まで存在していた。明智駅は名古屋鉄道の広見線にも同名駅があるが、そちらも明智光秀ゆかりの地ということで、1982（昭和57）年に伏見口から改称された。

幼稚園児とお母さん達の楽しそうな声が聞こえてくる【昭和54年4月28日】

明智光秀の縁の地として有名。駅名がまだ明知の駅舎【昭和48年9月3日】

明智町は硝子や耐火煉瓦等窯業が盛んで、貨物輸送車が多く目に入る【昭和48年9月3日】

終着駅の直ぐ脇の踏切は近隣の人の生活道路。畑にでも行くのかな？【昭和56年4月28日】

国鉄東海道本線支線 美濃赤坂駅
みのあかさか

ACCESS
→ 岐阜県大垣市赤坂町153番地1
→ 東海道本線「美濃赤坂駅」下車

【昭和48年8月28日】

石灰岩産出のため敷設された赤坂支線の終着駅

　国鉄美濃赤坂駅は、東海道本線所属の駅とされている。大垣駅の西方約3.1キロの南荒尾信号場から分岐する1.9キロの支線の終着駅で、同時に貨物専業の西濃鉄道市橋線（当駅〜猿岩）2.6キロの起点駅でもあり、かつては昼飯線1.9キロの始発駅でもあった。

　現在は大垣市に合併したが、赤坂町は古くから中山道の宿駅のひとつであり、町内に位置する金生山は大理石を産出し、国会議事堂の壁面などに使用された。しかし、良質の石灰岩である大理石はごくわずかで、多量の石灰岩は肥料や、セメント原料の資源として扱われるようになった。そのため地元産業である石灰業者は重量のある石灰石や大理石も同様に、搬出に舟運や馬車輸送で苦労し、1912（明治45）年に停車場設置願いを提出。1917（大正6）年3月16日、町議会は鉄道支線敷設申請書と、町民有志からの寄付金5000円の拠出を議決した。その後、紆余曲折はあったが1919（大正8）年8月1日に支線美濃赤坂線（通称）が開通した。この時、地元業者は貨物駅用地の買収費8000円も寄付した。

　当初は1日4往復の混合列車が運転されたという。その後これに接続する貨物線を建設するため地元業者は1927（昭和2）年1月15日、西濃鉄道株式会社を設立、翌年12月17日に市橋線、昼飯線の2線4.5キロが開通した。貨物専業の西濃鉄道は創立後、旅客営業を計画し、市橋線での営業を開始する。直通運転をする国鉄美濃赤坂線はガソリンカーの採用を計画し、鉄道省は1930（昭和5）年2月1日、大垣駅まで国鉄初の内燃動車、キハニ5000形を採用し直通した。これは戦争で中断し、戦後はキハ04、07形が活躍した。

　美濃赤坂線は東海道本線と同時に電化され大垣駅からクモハ12形、クモハ40形が折返し運転するほか、80系電車が朝夕、名古屋まで直通する時代もあったが、国鉄末期にはローカル線並のダイヤとなった。ＪＲ東海となった現在はラッシュ帯30分ヘッド、昼間帯60分ヘッドのダイヤとなり朝のラッシュ時の直通運転は続けている。このほか、西濃鉄道から名古屋臨海鉄道に直通する鉄鋼原料となる石灰石製品を輸送するＪＲ貨物の列車も発着する。

木造の趣ある落ち着いた駅舎。ホームには屋根がない【昭和48年8月28日】

電車は片面利用の単式ホームに入るが副本線には貨物ホームもあり、風情のある駅舎なのに構内は貨物駅といったところ【昭和48年8月28日】

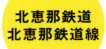

北恵那鉄道
北恵那鉄道線

【昭和48年9月2日】

しもつけち
下付知駅

ダム建設のため木材輸送の一大拠点となった終着駅

ACCESS
→ 岐阜県中津川市付知町野尻
→ 中央本線「坂下駅」から北恵那交通バスで約40分「下付知バス停」下車

　下付知駅は北恵那鉄道の開設と同時に設けられた終着駅だ。北恵那鉄道は、付知川下流の木曽川本流に日本最初のダム式発電所、大井ダム（現在関西電力）を建設するため、裏木曽の御料林をはじめとする森林からの木材を流送することができなくなることから敷設された。社長の福沢桃介は、支流筋にもいくつかの森林鉄道（762mm）を建設したが、1924（大正13）年に開通した北恵那鉄道は1067mmだった。1926（大正15）年からは付知まで流送された木材を一旦陸揚げし、付知駅からは北恵那鉄道の貨車に積み替えた。しかし、1928（昭和3）年12月には下付知駅から御料林を所管する付知営林署の森林鉄道が建設され、付知川流域の山林（御料林）からの木材輸送は流送から林鉄経由となる。下付知駅は木材輸送の一大拠点となり、最盛期には月8000tもの木材を輸送した。もともと大井ダムの建設により流送できなくなった伊勢神宮の遷宮用の木材輸送が一大目的だったが、第59回の式年遷宮用の御造営用材は1941（昭和16）年に森林鉄道・北恵那鉄道経由で実施された。戦争により実際の遷宮は延期され、1953（昭和28）年に実施された。次の60回遷宮は1973（昭和48）年に実施されたが、御造営材の輸送される1965（昭和40）年以前の1961（昭和36）年に森林鉄道は廃止されており、トラック輸送に変わっていた。駅舎は地元産の総檜造りで立派なものであった。一時は付知の町中まで鉄道を延長する計画もあったが用地買収ができず1932（昭和7）年に免許失効となり、下付知駅は終着駅のまま終わった。

　1960年代には貨客とも輸送のピークを迎えたが、森林資源の枯渇、沿線道路の整備等により、貨客とも減少し、1972年（昭和47）年には昼間帯バス化、1978（昭和53）年9月18日には鉄道廃止により駅舎はバスの待合所として使用されていたが、その後2002（平成14）年に取り壊された。

電車が出たあとのしんとした駅に白熱灯が輝く【昭和48年9月2日】

駅を訪れた時にはとっぷりと日が暮れ待合室にはもう誰もいなかった【昭和48年9月2日】

東濃鉄道笠原線 笠原駅(かさはら)

ACCESS
→ 岐阜県多治見市笠原町字森裏2815-8
→ 中央本線「多治見駅」から東濃鉄道バス笠原線で約15分「笠原車庫前バス停」下車

【昭和48年9月17日】

町民の足として、地場産業の輸送機関として50年活躍

　東濃鉄道笠原線は1928(昭和3)年7月1日、笠原鉄道により開通した。国鉄中央本線多治見駅構内から終点笠原駅まで約5キロの鉄道で、最初は沿線の窯業産地からの製品輸送を主たる目的とした貨物輸送主体の地方鉄道だ。開通時は蒸気機関車が活躍し、1936(昭和11)年には旅客輸送にガソリンカーを導入したが、戦時中は蒸機に逆戻りし、1944(昭和19)年には土岐津(現・土岐市)の駄知鉄道や、いくつかのバス会社と合併し、東濃鉄道となった。駄知鉄道は、この笠原鉄道と同じく国鉄中央本線のルートから外れ、中央本線の駅までの製品輸送に困り、地元資本で敷設された鉄道である。笠原鉄道新多治見駅は、多治見駅構内で線路が繋がり、貨車は直通したが、旅客扱いは構内の離れた位置に別駅舎があった。1936(昭和11)年、ガソリンカーを導入し、新多治見駅ホームを貨物ホームの横に新設し、国鉄駅に近づけた。この時スイッチバックで本線に戻るかたちになり営業キロが4.6キロから4.9キロに延びた。せっかくの無煙化と列車増発サービス向上策も戦争のため、ガソリンカーは廃止、蒸機運転に逆戻りし、そのため表定時分が延びたのか、市ノ倉口、滝呂に行違い設備を設けた。終戦後、気動車は復活したが、駄知線と違い電化されることもなく、1971(昭和46)年6月13日からは旅客輸送をやめ、大井川鉄道井川線からきたディーゼル機関車で貨物鉄道の営業を続けた。笠原線ではすでに、昭和20年代から貨物輸送が主力となり、沿線の市ノ倉に立地した窯業会社向けに大型有蓋貨車(ワキ)も活躍したがついに1953(昭和28)年10月31日、国鉄の貨物輸送コンテナ化に合わせ、貨物輸送も終了し、路線廃止へ。車両基地として存続していた笠原駅も姿を消した。その後ディーゼル機関車は北恵那鉄道の線路撤去工事に使用された。

私（安田）が訪れた数カ月前に集中豪雨にあい、この鉄道は不通になっていた【昭和48年9月17日】

草ぼうぼうのホームの片隅に陶器を積んだ貨車がいつ動くとも知れず停まっていた【昭和48年9月17日】

集中豪雨にあったが稲穂はみのりの秋を迎え頭をたれていた【昭和48年9月17日】

静岡県・山梨県

東海道本線を軸として枝となる鉄道が生まれた

　静岡県の鉄道は、県域を東西に貫く東海道本線を幹として発展してきた。東海道本線は県内の主要都市を結び、県内の移動でも主要幹線としての役割を果たしているのだ。ちなみに東海道本線は1889（明治22）年4月16日の静岡〜浜松間開通により全通（長浜〜大津間は琵琶湖航路経由）した。枝となる鉄道は東海道本線全通後から多く開業しているが、静岡県内では小規模なものが多く、1906（明治39）年に公布された「鉄道国有法」の対象にされるような大私鉄はつくられていない。唯一、伊豆箱根鉄道駿豆線の前身となる豆

相鉄道が同法該当候補に挙げられたぐらいだ。なお、大正時代に開業した富士〜甲府間の富士身延鉄道は戦時中に国有化されて身延線となっている。

現在、JR以外の県内の私鉄は、伊豆急行、伊豆箱根鉄道駿豆線、岳南電車、大井川鐵道、遠州鉄道、静岡鉄道だけ。それに二俣線を第三セクター鉄道に転換した天竜浜名湖鉄道もある。

隣接する山梨県は、中央本線を軸として身延線と小海線がJR線として運営されており、私鉄は富士急行だけだ。歴史のなかでは富士急行に志を託した富士電気軌道、甲府界隈を走る山梨馬車鉄道、山梨交通などもあったが、最後まで残っていた山梨交通電車線も1962（昭和37）年に廃止されている。

国鉄清水港線三保【昭和55年8月17日】

新清水駅

静岡鉄道
静岡清水線

新清水駅【昭和58年6月】写真：池上茂之

ACCESS
→ 静岡県静岡市清水区相生町2丁目28番地
→ 静岡鉄道静岡清水線「新清水駅」下車

かつては路面電車の
清水市内線も運転

　静岡鉄道は、静岡県下を中心として鉄道、バス、不動産などの事業を展開する「静鉄グループ」の中核となる存在だ。前身の静岡電気鉄道など数社が合併、1943（昭和18）年5月15日に静岡鉄道として発足している。

　現在、鉄道業としては新静岡〜新清水間の静岡清水線（11.0キロ）だけとなっているが、撮影訪問時は清水市内線も運転されていた。

　静岡清水線は1908（明治41）年に静岡鉄道（現在の静岡鉄道とは別組織）によって産声を上げたが、同鉄道は同年中に大日本軌道に合併され同社の静岡支社となった。当時は762mm軌間で、蒸気機関車による運転だった。1919（大正8）年には大日本軌道から駿遠電気に譲渡され、翌年に1067mmへと改軌のうえ、電化。1923（大正12）年には社名も静岡電気鉄道に改めている。

　いっぽう、清水市内線は1928（昭和3）年に静岡電気鉄道の手で運転を開始、1933（昭和8）年には港橋〜横砂間（廃止時の営業キロは4.6キロ）を全通させている。大半が道路上を走る併用軌道だったが、戦後、一部区間を専用軌道に変更している。静岡清水線の終点となった新清水駅前の道路を走っており、当駅には静岡清水線と清水市内線を結ぶ連絡線が設けられ、新清水駅構内に市内線の路面電車が停まっている写真（右ページ右側上段から2番め）もある。

　1974（昭和49）年7月7日から翌日にかけ、静岡県を中心に「七夕豪雨」と呼ばれる大雨が降った。この時、静岡地方気象台観測史上最高となる24時間連続雨量508ミリを記録、清水市（現・静岡市清水区）では巴川氾濫など大惨事となった。清水市内線も壊滅的な被害を受け、全線休止。結局、復旧することなく翌年3月22日付で路面電車は廃止されバス運行に転換された。

庵原川橋梁を渡る清水市内線電車
【昭和47年6月6日】

清水市内線　寿町停留所付近【昭和47年6月6日】

左端に清水市内線の電車、新清水駅巴町口
【昭和50年3月】写真：増田達哉

静岡清水線運動場前～古庄【昭和55年8月17日】

静岡清水線古庄～運動場前【昭和55年8月14日】

伊東駅

国鉄 伊東線

ACCESS
→ 静岡県伊東市湯川3丁目
→ 伊東線「伊東駅」下車

【昭和48年7月21日】

伊豆半島への玄関口となる国鉄駅

　伊東駅は東海道本線の熱海駅から分岐する伊東線の終着駅だ。計画時は伊豆半島南部の下田、西部の松崎を経て、中伊豆の大仁までと、伊豆半島をほぼ一周する路線となっていたが、建設中に日華事変が勃発、伊東まで開通したところで工事中止となり当駅が終点となった。

　伊東線の工事は丹那トンネル（東海道本線熱海〜函南間）開通前、熱海駅が東海道本線ではなく熱海線の駅となっていた1932（昭和7）年に始められたが、地形が険しく熱海〜伊東間では大小6本のトンネルが掘られ、その総延長は6km余り。営業キロにして16.9キロとなる伊東線の3分の1以上がトンネルとなっている計算だ。

　1935（昭和10）年3月30日、まず熱海〜網代間が開通した。ちなみにその4カ月前に

丹那トンネルが開通、熱海駅は東海道本線の駅となっている。さらに伊東線の工事は進められ、1938（昭和13）年12月15日に網代〜伊東間も開通した。結果として工事はここで打ち切りとなり、伊東線は全通した。

　沿線には網代、宇佐美、伊東など有名温泉地が連なり、開業と同時に観光路線として注目されることになる。そのため、当初より全線電化、東海道本線との直通運転もなされた。これは現在の「スーパービュー踊り子」などにつながる列車のルーツといえる。

　現在の伊東駅は伊豆急行の起点となり、中間駅化しているが、伊豆半島観光の玄関口であることには変わりない。修善寺をはじめ、周辺に向かうバス路線のターミナルとしても重責を担っている。

【昭和48年7月21日】

伊豆急行100系による下田黒船祭イベント列車が伊東線伊豆多賀駅に到着【昭和57年5月18日】

伊東線網代駅に入って来る国鉄113系。伊東線は大部分が伊豆急行線へ直通運転されている
【昭和57年6月5日中】

伊東線の開通で伊東は代表的な温泉地として大発展。高度成長期でもあり家族連れや団体客で伊東駅に併設されたバスターミナルも大賑わい【昭和48年7月21日】

伊豆急下田駅
いずきゅうしもだ

伊豆急行　伊豆急行線

南伊豆・西伊豆の玄関口

【昭和48年7月21日】

ACCESS
→ 静岡県下田市東本郷1丁目6番地1
→ 伊豆急行「伊豆急下田駅」下車

　静岡県東部、太平洋に突き出した伊豆半島の東海岸を縦断する伊豆急行。その終点となっているのが伊豆急下田駅だ。

　じつはこの伊豆急行は、国鉄伊東線でなしえなかった"伊豆半島周遊鉄道"の夢を引き継いで建設された鉄道なのだった。

　伊東線建設の根拠となった計画（鉄道敷設法）では「静岡県熱海ヨリ下田、松崎ヲ経テ大仁ニ至ル鉄道」と定められている。108ページでも紹介したが、その建設中に勃発した日華事変などの影響により、工事は伊東駅で打ち切りとなってしまった。当時の伊豆半島は道路事情が悪く、"陸の孤島"とも呼ばれたところ。沿線の人々にとって「鉄道敷設法」に寄せられた期待が大きかったことはいうまでもない。戦後、新生国鉄が誕生したが、伊東駅より先の工事再開はなされなかった。

　そこで東京急行電鉄が凍結状態になっていた鉄道建設に動き出す。途中、西武鉄道系の伊豆箱根鉄道も食指を伸ばすなど熾烈な勢力争いも演じられたが、1961（昭和36）年12月10日、伊豆急行として伊東～伊豆急下田間を一気に開業した。前日に行なわれた開業式典には俳優の石原裕次郎がヘリコプターで駆けつけるなど大きな演出もあって、伊豆急行開業は「第二の黒船」ともいわれた。

　伊豆急行では開業に合わせて100系、200系といった電車を導入した。撮影訪問時、オーシャングリーンとハワイアンブルーのツートンカラーで人気のあったこれらの車両がまだ第一線に立って活躍していた。また開業と同時に国鉄も東京駅から準急「伊豆」「おくいず」といった伊豆急行への直通電車を運転。これらの列車は、特急「あまぎ」、急行「伊豆」などを経て、現在の特急「スーパービュー踊り子」「踊り子」などへと続いている。

　伊豆急下田駅は頭端式ホーム2面3線で構成され、いかにも終着駅といった趣が漂っている。改札口を抜けて駅前広場に出ると、ロータリーの巨大なフェニックスの木が出迎えてくれる。観光地の南伊豆らしい情景だ。ちなみに当駅の位置は、およそ北緯34度40分45秒。静岡県内ではもっとも南に位置する鉄道駅となる。

伊豆半島の南東端に位置し、南国ムードの大きなカナリーヤシ・ココスヤシ・ワシントンヤシが多くの観光客を迎えてくれた【昭和48年7月21日】

伊豆急は観光路線として開発されたので開通当初から国鉄と相互乗入れをしており、昼間は多くの観光客で賑わうホームもいまは夜【昭和48年7月21日】

修善寺駅

伊豆箱根鉄道 駿豆線

しゅぜんじ

修善寺温泉など中伊豆の玄関口

　修善寺駅は、伊豆箱根登山鉄道のうち、三島駅を起点とする駿豆線の終着駅だ。

　駿豆線の歴史は古く、明治期までさかのぼることができ、伊豆半島初の鉄道でもある。当初、伊豆半島中部にある大仁温泉への足として計画、1898（明治31）年5月20日に豆相鉄道として三島町（現・三島田町）〜南条（現・伊豆長岡）間で開業した。

　この時代、東海道本線は現在の御殿場線のルートで運転されており、三島駅はなかった。そのため、豆相鉄道は沼津駅を起点にする予定だったが、江戸時代から続く宿場町として栄えていた三島の人々が鉄道駅を誘致。現在の御殿場線下土狩駅を三島駅として新設することになり、豆相鉄道もそこに接続することになった。同年6月15日には三島駅が開設され、豆相鉄道も三島町〜三島間を延伸した。

　1899（明治32）年7月17日には南条〜大仁間を開業、当初の目的を果たしたが、その後の経営は豆相鉄道→伊豆鉄道→駿豆電気鉄道→富士水電→駿豆鉄道と譲渡を重ねながら目まぐるしく変わった。なお、108ページや112ページで紹介した「鉄道敷設法」の「大仁ニ至ル鉄道」というのは、南条（現・伊豆長岡）から大仁駅まで鉄道が開業していたからで、ここに接続する目論見だったのである。なお、駿豆鉄道となったのち、電化にも着手。1924（大正13）年8月1日には大仁〜

［昭和48年7月21日］

ACCESS
→ 静岡県伊豆市柏久保631番地7
→ 伊豆箱根鉄道駿豆線「修善寺駅」下車

修善寺間を延伸した。

　1934（昭和9）年には丹那トンネルが開通して東海道本線は現在のルートとなるが、それに先駆け、当時の三島駅を下土狩駅に改称、新たに現在の三島駅を設置した。当鉄道も接続駅を下土狩駅から新たな三島駅と変更している。また、会社名はその後、駿豆鉄道→駿豆鉄道箱根遊船→駿豆鉄道→伊豆箱根鉄道と改称され、現在に至る。

　駿豆線の新たな終着駅となった修善寺駅は、修善寺温泉の玄関口だけでなく天城峠や下田街道への玄関口ともなった。当初より国鉄から直通運転が行なわれ、これが現在の「踊り子」に続いている。撮影訪問時、急行「伊豆」として運転されていた153系電車の姿も見られ、国鉄ローカル駅のような雰囲気だった。近年改築が行なわれ、まったく別のような駅に生まれ変わった。

夏の日ざしのなか、山ユリがひっそりと列車を迎えていた【昭和48年7月21日】

中伊豆地区の豊富な温泉群を求めて駅に着いた人々は今夜はどこの湯につかるのかな【昭和48年7月21日】

岳南鉄道
岳南鉄道線

岳南江尾駅
がくなんえのお

富士山の南麓、田んぼのなかに佇む駅

ACCESS
→ 静岡県富士市江尾143番地2
→ 岳南鉄道岳南鉄道線「岳南江尾駅」下車

【昭和48年9月25日】

　岳南鉄道は東海道本線の吉原を起点として岳南江尾まで結ぶ鉄道だ。営業キロは9.2キロ。鉄道名にある「岳南」の「岳」とは富士山のこと。読んで字の如く、富士山の南麓を走る鉄道だ。会社としては不動産業なども営んでいるが、鉄道事業は2013（平成25）年4月1日から「岳南電車株式会社」に分社化されている。ただし本書では撮影訪問時の岳南鉄道として紹介したい。

　岳南鉄道の歴史は戦後に始まる。起点となる吉原駅は明治時代の東海道本線国府津〜静岡間開業時、鈴川駅として開設された。吉原は東海道の宿場として栄えた歴史ある街だが、駅から中心部まで2kmほど離れていた。吉原の人々は長らく不便に甘んじていたが、戦後の製紙産業隆盛もあと押しとなり、1949（昭和24）年11月18日に岳南鉄道が鈴川（現・吉原）〜吉原本町間で開業。以後延伸を重ね、1953（昭和28）年1月20日には岳南江尾まで全通した。

　沿線は富士山南麓の豊富な湧水を活用、製紙をはじめとする大規模工場が連なっている。岳南鉄道では旅客輸送はもちろん、こうした貨物輸送にも重責を果たした。貨物輸送全盛期には、数多くの電気機関車が在籍、各工場への引込線総延長は本線長を上回っていたという。しかし、輸送方式が有蓋車からコンテナに移ったところで各工場から直接JR貨物の富士駅にトラック輸送されることになり、2012（平成24）年3月17日のダイヤ改正を機に貨物営業を終了している。

　岳南江尾駅は東海道新幹線との交差部に位置し、新幹線の車窓からも全景を見ることができる。広大な田園地帯に面しているが、駅の北側は住宅地で、駅至近に三島化工などの工場もある。1984（昭和59）年までは当駅から引込線を通じて貨物輸送も行なわれていたが、2月1日のダイヤ改正で貨物扱いを廃止、駅も無人化された。撮影訪問時はまだ貨物輸送の行なわれていた時代で、貨物用の電気機関車が写っている写真もある。また、電車も日車標準型や小田急からの転属車などが活躍、多彩な顔ぶれが楽しかった。

戦前生まれの電気機関車ED32 1が貨物輸送に活躍している【昭和55年4月24日】

富士の雄姿をながめながら走った列車は岳南江尾駅に着く。駅のすぐ後ろを新幹線が通る駅【昭和48年9月25日】

手前に稲木、岳南江尾駅、新幹線、バックに富士山のベストショット【昭和48年11月11日】

三保駅 (みほ)

国鉄 清水港線

晩年の旅客列車は1日1往復

　清水港線は東海道本線の清水から清水港の沿岸を走って三保まで結んでいた路線だ。営業キロは8.3キロ。国鉄再建のために廃止対象となり、1984（昭和59）年3月31日限りで運転を終了、廃止された。

　晩年の清水港線は1日1往復しか運転されない超ローカル線として有名だったが、正確にいうと実態はちょっと違っていた。廃止時点でも貨物列車が4往復設定され、1往復の旅客列車はDD13形ディーゼル機関車が牽引、貨車も連結する混合列車だった。

　清水港線は、1916（大正5）年7月10日、東海道本線の支線として江尻（現・清水）～清水港間で開業した。当初、旅客営業はなく、貨物専用線だった。1928（昭和3）年には清水港駅に荷役用テルファー（テルハ）が設置される。これは船舶と貨車の間で効率的に荷物を運ぶクレーンの一種で、日本では横浜、神戸に続いて3例めの設置だった。清水港は現在でも日本有数の扱い量を誇る港だが、テルファーの導入はその実績を示す証でもある。現在は国の登録有形文化財だ。

　1930（昭和5）年2月1日には清水埠頭まで延伸、さらに1944（昭和19）年7月1日には三保まで全通している。ほどなく東海道本線から独立、清水港線という線名が付けられ、旅客営業も始まった。全通時は戦時中、しかも不要不急のローカル線を休止、レールを鉄

【昭和48年7月22日】

ACCESS
→ 静岡県静岡市清水区三保3562
→ 東海道本線「清水駅」から
　しずてつジャストラインのバスで30分
　「三保ふれあい広場バス停」下車

材として供出していたような時代である。清水港線の沿線には港以外に工場や倉庫も多く、極めて重要な路線と判断されたのだ。

　ちなみに戦後もしばらく清水港線の重要性は変わらなかった。旅客列車から見るとローカル然とした路線だが、貨物列車はなかなかの賑わいで、国鉄でも有数の黒字路線だった。しかし、清水港線に並行する道路が整備され、バスが頻発するようになると旅客はバスに移った。また貨物輸送も徐々にトラックに切り替えられ、その需要は減っていく。1981（昭和56）年の国鉄調査では清水港線の営業係数（100円の収益を上げるのにかかる金額）が544と算定され、その使命は終わった。晩年の三保駅の東側は清水港に面した工場地帯となっていたが、西側は耕作地も点在する住宅地。そのなかを進み、駅から15分ほどで名勝「三保の松原」にも出られた。

羽衣伝説で有名な三保の松原へは徒歩15分。足を延ばしてみようかな【昭和48年7月22日】

改札口の瓢箪（ヒョウタン）が夏の日差しを和らげてくれて、一瞬だがホッとした【昭和55年8月17日】

客貨混合列車が朝夕1往復しかない珍しい駅。昼間まったく人影がないが貨物駅としての役割は大きい
【昭和55年8月17日】

千頭駅
せんず

大井川鉄道 大井川本線

【昭和48年9月24日】

ACCESS
→ 静岡県榛原郡川根本町千頭1216番地5
→ 大井川鐵道大井川本線「千頭駅」下車

寸又峡温泉への玄関口となる中部の駅百選選定の駅

　大井川本線は、大井川奥地の森林資源の搬出と電源開発資材の輸送を目的として計画され、1921（大正10）年に駿府鉄道として認可、翌年11月大井川鉄道と社名変更したがさらに2000（平成12）年10月1日に大井川鐵道に変更。この間東海道本線側の起点を島田から金谷に変更するなど曲折があったが、1925（大正14）年3月10日に創立総会が開かれ、翌年2月10日、家山までの工事施工認可を受け、1927（昭和2）年6月10日にはとりあえず金谷から5.8キロの地点（居林）で分岐し横岡まで6.5キロの区間を建設。翌年7月20日から金谷〜居林の平坦区間での営業を開始した。その先は大井川右岸の山地にかかり、多くのトンネルや、幾度かの大井川の渡河など難工事を乗り越え、1929年（昭和4）年12月1日に家山、翌年7月16日に地名まで順に延伸し1931（昭和6）年12月1日に千頭に到達し、39.5キロが全通した。最初は蒸気機関車を使用して営業したが、1949（昭和24）年11月18日、1500Ｖ電化を実施した。

　1931（昭和6）年9月、沢間〜大間間の軌道（軌間762mm）が開通し1933（昭和8）年12月には大井発電所の建設工事資材輸送のため大井川電力の手で、千頭〜沢間〜大間〜千頭ダム建設現場（のちの堰堤）間に24.0キロの専用軌道が開通した。1936（昭和11）年11月19日には1067mm軌間に変更し、それ以前に敷設された762mm軌間と千頭〜沢間間2.6キロは珍しく3線区間となった。この施設を資材運搬線寸又川軌道として運営していた富士電力は全施設（31.5キロ）を1938（昭和13）年には帝室林野局に無償譲渡し、林野局は既存の森林鉄道と一体運営化した。しかし1968（昭和43）年には全廃した。

　戦後、中部電力となり、大井川奥地の電源開発が具体化すると千頭〜奥泉間の井川線の延長が具体化し、重量資材の運搬を考慮しつつ、4分の3の建築限界の線路規格で改良、建設された。1954（昭和29）年9月10日、市代〜堂平間17.7キロが全通し本線と井川線は専用車両を使い資材輸送に活躍した。ＳＬ保存鉄道として現在のＳＬブームの先駆け。千頭駅構内にあるターンテーブルは貴重なイギリス製で一見の価値がある。

炎天下のなか、古くなったマクラギや古材を切っている【昭和48年9月24日】

山間部の駅には動態保存されているクラウス15号機がゆっくり骨休み【昭和48年9月24日】

千頭には出荷を待っているたくさんの材木が駅構内に置かれ、クラウス15号機も静かに待機している
【昭和48年9月24日】

大井川鉄道 井川線
井川駅（いかわ）

静岡県内の普通鉄道で最も海抜が高い駅

【昭和48年9月24日】

ACCESS
→ 静岡県静岡市葵区井川1959
→ 大井川鐵道井川線「井川駅」下車

　井川線の終点井川駅は、大井川電力が大井川ダムを建設するため、1930年代半ばに建設された762mm軌間の専用軌道がルーツであり、1936（昭和11）年10月にはダム建設のため輸送力増強を図り、1067mm軌間の鉄道としたが車両規格などは従前のものを踏襲したので、現在の特殊な形態の鉄道が出現した。この時は沢間までは営林署所管の2フィート6インチ軌間の軌道と共存する3線式だった。ところが戦後、中部電力となった電力会社が井川ダムを建設することになり、1954（昭和29）年9月10日に千頭〜西山沢（現・井川）〜堂平26.6キロを開通させ本格的にダム建設輸送が始まった。ダム資材の輸送に備え、施設の強化、機関車、貨車（チキ、シキなど）の増備も実施され、ダム資材、木材の輸送に繁忙を極めたが井川ダム建設の終了により、1957（昭和32）年以後は貨物輸送が減少した。それ以前から、地元旅客、行商人、観光客なども無料で便乗を認めていたが1959（昭和34）年8月には千頭〜堂平間26.6キロは大井川鉄道井川線として地方鉄道化され、旅客は有料輸送となった。その後いっそう観光客が増加し、1961（昭和36）年にはトキ200形を改造しスロニ200形、スロフ300形などの客車を準備した。1971（昭和46）年には大井川本線と直通する「あかいし」を運転、1970（昭和45）年7月には南アルプスへの登山客を対象に東海道本線金谷から本線の列車に接続して井川駅早朝着の列車も運転した。1971（昭和46）年4月1日には井川〜堂平間が廃止され、井川駅が終着駅となった。なおこの井川駅は静岡市内にある。堂平へ通じるトンネルは、1996（平成8）年に閉鎖された。また2014（平成26）年9月2日から災害のため長らく不通となっていた接岨峡温泉〜井川間は2017（平成29）年3月11日、922日ぶりに復旧し全線開通、終着駅の機能を取り戻した。アプトいちしろからのアプト区間の完成後は奥大井湖上駅などが有名になり、井川駅の存在感は薄れている気がする。一時は井川ダムの堆積土砂を浚渫し、鉄道を利用し下流へ搬出する計画もあった。実現していればダムの再生策として有効だと思う。

中部電力のダム建設用に敷かれた鉄道であるがいまは井川ダム周辺への観光客を運ぶ小さな森林鉄道だ【昭和48年9月24日】

終着駅井川は発電用のダムだけで何もないのに観光客が多い。「きっと空気がうまいんでしょう」と駅長さんが言っていた【昭和48年9月24日】

遠州鉄道
鉄道線

【昭和55年8月19日】

にしかじま
西鹿島駅

撮影訪問時は
国鉄二俣線との接続駅

ACCESS
→ 静岡県浜松市天竜区二俣町南鹿島67-1
→ 遠州鉄道鉄道線「西鹿島駅」下車

　遠州鉄道の鉄道線（通称・西鹿島線）は、JR浜松駅そばの新浜松を起点として西鹿島まで向かう路線だ。営業キロは17.8キロ。

　当線のルーツは1909（明治42）年に開業した大日本軌道浜松支社までさかのぼる。これは軌間762mmのいわゆる軽便鉄道だった。大正時代、経営が遠州軌道に移る。同社は程なく遠州電気鉄道と社名変更、1923（大正12）年4月1日には遠州浜松〜鹿島間を1067mmに改軌するとともに電化した。この時、鹿島駅を遠州二俣駅と改称している。時代が昭和となり、国鉄二俣線（現・天竜浜名湖鉄道）の建設が始まった。遠州電気鉄道は終点となっていた遠州二俣で二俣線と接続させることにしたが、二俣線の建設計画ルートに合わせて駅を400mほど南に移設、駅名も西鹿島と改めた。遠州電気鉄道の工事は1938（昭和13）年3月1日に竣工、2年後の6月1日には二俣線も全通して西鹿島駅は両線の接続駅となった。また、1943（昭和18）年11月1日から合併により社名を遠州鉄道としている。

　遠州鉄道では戦後の1958（昭和33）年から西鹿島駅から二俣線に乗り入れ、遠江二俣（現・天竜二俣）駅まで直通する列車も運転している。ただし遠州鉄道は電化、二俣線は非電化のため、国鉄から気動車を譲り受けての運転となった。残念ながら1966（昭和41）年に廃止され、その気動車は、その後、北陸鉄道、関東鉄道、筑波鉄道と転身する。筑波鉄道で廃車後も解体をまぬがれ、現在は国鉄時代のキハ41307として修復、さいたま市の鉄道博物館で展示されている。

　西鹿島駅は遠州鉄道と国鉄によって運営されていたが、1971年（昭和46）年には国鉄部分の敷地が遠州鉄道に譲渡され、国鉄の駅業務も遠州鉄道に委託された。遠州鉄道はこの用地を使い、1977（昭和52）年に車両基地を設置した。また、1979（昭和54）年には駅舎も改築した。ドーマーやハーフティンバーの意匠を凝らした構造が美しく、現在は「中部の駅百選」にも選定されている。

地方鉄道は経営が苦しくなると列車本数を減らしてしまうが、遠州鉄道は列車本数を多くして利用客が待たずに乗れるという便利さのほうを採用している【昭和55年8月19日】

ED28 2は工事列車の牽引に使用のためおもに夜間走行。ただいま待機中【昭和55年8月19日】

駅は夏休み中の子ども達のいこいの場になっていた【昭和55年8月19日】

○ 富士急行
河口湖線

河口湖駅
（かわぐちこ）

【昭和48年7月22日】

スイスをイメージした
ログキャビン風

中央本線の大月を起点として富士山や富士五湖方面へのアクセスを担う富士急行。その終点となっているのが河口湖だ。大月〜河口湖間を総称して「富士急行線」と呼ばれているが、線路の戸籍上は大月〜富士山間の「大月線」、富士山〜河口湖間の「河口湖線」となっている。

当地には富士山への登山や信仰のために古くから訪問者が多く、明治期には富士馬車鉄道と都留馬車鉄道によって大月〜吉田間の連絡がはかられていた。しかし、両鉄道の軌間は異なり、途中で乗換えが必要。さらに馬車では輸送力に限界があり、軌間統一と電化が試みられた。ただし、馬車軌道から続く併用軌道の形態が残され、輸送力は足りなかった。結局、本格的な鉄道が望まれ、馬車軌道をルーツとした富士電気軌道は新たに発足した富士山麓電気鉄道に権利を譲って解散した。

富士山麓電気鉄道は1929（昭和4）年6月19日、大月〜富士吉田（現・富士山）間で

ACCESS
→ 山梨県南都留郡富士河口湖町船津3641番地
→ 富士急行河口湖線「河口湖駅」下車

開業、戦後の1950（昭和25）年8月24日に河口湖駅まで延伸して現在の富士急行線が全通している。1960（昭和35）年5月30日には社名変更で富士急行となった。

全通時に開業した河口湖駅は、標高857mの高地に位置している。起点の大月駅の標高は358mで、499mも登っている。営業キロは26.6キロで、その勾配は単純平均で19‰、最大40‰の急勾配もあり、かなりの山岳鉄道なのである。

富士急行線は観光路線として期待されていたこともあり、主要駅の駅舎はそれにふさわしい意匠が凝らされている。河口湖駅の場合、スイスをイメージしたログキャビン風で、「中部の駅百選」にも選定されている。

現在では「富士山ビュー特急」「フジサン特急」「富士登山電車」等個性的な車両が導入されているが、撮影訪問時は国鉄などから払い下げられた旧型電車の宝庫となっていた。

リバイバルカラーの1000形が帰ってきた【昭和48年7月22日】

たそがれ迫る河口湖駅。富士五湖方面への観光客も今日はどこの宿へお泊りかな【昭和48年7月22日】

山梨県下唯一の私鉄の終着駅でリバイバルカラー1000形どうしが仲良く次の出発を待っている【昭和48年7月22日】

《著者プロフィール》(写真・キャプション)

安田就視 Yasuda Narumi

　写真家。志木市美術協会会員。1931年2月、香川県生まれ。日本画家の父につき、日本画、漫画を習う。高松市で漆器の蒔絵を描き、彫刻を習う。その後カメラマンになり大自然の風景に魅せられ、漂泊の旅に出る。消えゆく昭和の鉄道、SL、私鉄など全線をオールカラーで撮影。そのほか四季の風景、風俗、日本の祭り、学参物、伝統工芸など、大判カメラで撮影。

　おもな写真集に『日本の蒸気機関車』東・西日本編(東京新聞出版局)、『関東・中部写真の旅』(人文社)、電子書籍写真集美しい東北Ⅰ・Ⅱ(PHP研究所)他多数。

　近刊に小社刊『汽車のあった風景』シリーズ(東日本篇、西日本篇)、『昭和の終着駅』シリーズ(関東篇、関西篇、東北篇、北海道篇、北陸・信越編)がある。

《著者プロフィール》(文:静岡県・山梨県)

松本典久 Matsumoto Norihisa

　1955年、東京生まれ。鉄道や旅をテーマに『鉄道ファン』『旅と鉄道』などに寄稿するフリーランスの鉄道ジャーナリスト。近著は『東京の鉄道名所さんぽ100』(成美堂出版)、『首都圏日帰り鉄道の旅』(ペガサス)、共著『JR30年の軌跡』(JTBパブリッシング)、共著『図説街場の鉄道遺産　東京23区編ほか』(セブン&アイ出版)など。鉄道模型にも造詣が深く、『Nゲージ鉄道模型のレイアウトの教科書』(大泉書店)、『DCCで楽しむ鉄道模型』(オーム社)など多数。

《著者プロフィール》(文:愛知県・岐阜県・千頭駅・井川駅)

清水武 Takeshi Shimizu

　1940年生まれ。1964年慶應義塾大学法学部卒業。卒業後名古屋鉄道に勤務。主に鉄道運転部門に従事し大井川鉄道、北恵那鉄道に勤務。退職後、幼少時からの鉄道趣味を生かし鉄道ピクトリアル誌の『名鉄特集号』や鉄道趣味誌の執筆活動を行なう。『RM LIBRARY』の『北恵那鉄道』『岐阜線の電車』『名鉄木造車鋼体化の系譜』(ネコ・パブリッシング)の執筆、『名古屋鉄道・1世紀の記録』(アルファベータブックス)など共同執筆も多数。

(参考資料)
1. RMライブラリ(ネコ・パブリッシング) No. 32、72、96、99、129、165
2. 鉄道ピクトリアル(電気車研究会) No. 222、232
3. 鉄道ファン675(交友社)
4. 樽見線点描(樽見鉄道)
5. 東三河駅いまむかし(中日新聞社)
6. 日本の私鉄22(保育社)
7. 名鉄百年史(名古屋鉄道)
8. 名鉄社史(名古屋鉄道)
9. 名鉄の廃線を歩く(JTBパブリッシング)
10. 名古屋鉄道各駅停車(洋泉社)
11. 養老鉄道70年の歩み(西大垣駅)
12. 日本の軽便鉄道(東京出版企画)

編集協力:松倉広幸、田村恵子
本文DTP:朝日メディアインターナショナル株式会社

DJ鉄ぶらブックス023
昭和の終着駅 中部・東海篇

2017年8月9日　初版発行

著　者	:安田就視・松本典久・清水武
発行人	:横山裕司
発行所	:株式会社交通新聞社
	〒101-0062　東京都千代田区神田駿河台2-3-11　NBF御茶ノ水ビル
	☎03-6831-6561(編集部)　☎03-6831-6622(販売部)
印刷・製本	:大日本印刷株式会社(定価はカバーに表示してあります)

©Yasuda narumi 2017・©Norihisa Matsumoto 2017・©Takeshi Shimizu 2017　ISBN978-4-330-81717-0
落丁・乱丁本はお取り替えいたします。ご購入書店名を明記のうえ、小社販売部宛に直接お送りください。送料は小社で負担いたします。